LIMINAL ZONA LIMINAL

LIMINAL ZONA LIMINAL
ROCÍO CERÓN

10/10

LIMINAL ZONA LIMINAL
Primera edición: abril 2024

© De los poemas: Rocío Cerón
© De la fotografía de la autora: Francisco Cañedo
© Del diseño de cubierta y maquetación: Nautilus Ediciones
© De la selección de poetas y coordinación editorial: Samuel Trigueros
   Nautilus Ediciones
   nautilusedicioneshn@gmail.com

ISBN: 978-84-10241-10-7
Depósito Legal: Z 712-2024

Impreso en España, Unión Europea

ROCÍO CERÓN
(México, 1972)

Ha producido los álbumes de poesía sonora *MIIUNI* (España, 2022) y *Sonic Bubbles* (México, 2020) y ha publicado, entre otros, los libros de poesía *Divisible corpóreo* (México, 2022), *Simultáneo sucesivo* (España, 2022), *Spectio* (México, 2019), *Observante* (España, Argentina, ambas ediciones 2020), *Materia oscura* (2018), *Borealis* (FCE, 2016), *Nudo vortex* (México y Nueva York, ambas ediciones 2015), *Diorama* (2012) y *Basalto* (2002). *Diorama* ganó el Best Translated Book Award 2015 y ha sido galardonada con el Premio Nacional de Literatura Gilberto Owen 2000 (México) y el Premio See America Travel Award 2005 (Estados Unidos). En 2021 fue una de las 25 artistas seleccionadas para la Bienal de Fotografía del Centro de la Imagen en México con el videopoema *Potenciales Evocados*. En 2022 recibió la Residencia Córdoba-Ciudad de las Ideas de la Fundación Artdecor-Ayuntamiento de Córdoba (España), la del Centro de Investigación, Innovación y Desarrollo de las Artes (Monterrey, México) y la Residencia Artística del Tecnológico de Monterrey para crear poesía expandida para intervención en espacios públicos. En 2023 recibió la Michael Rothenberg International Poets Grant. Conoce su obra en Ig @laobservante/

MATERIA OSCURA

Selección de *Materia oscura,* Parentalia ediciones, 2018

Tensión y borramiento. Apenas signo en trasiego por el horizonte. La voz, su levedad de soplo, desteje miserias. Palabra follaje, brasas de sentido ante observante. Expansión de materialidades áuricas: *Y su nombre era inocencia espacio aire visible notación espiral de signos instante surco.* Arde, todo arde en el lenguaje.

Conjunto de (in)materialidades ante observación. Aullido y dentellada surcan el cielo. Grafías de primitivo aliento: translucidos rojos se esparcen por fondo blanquecino. Trote de manada dentro, córtex. Palma verde al fondo, vitrina repleta de muebles antiguos. La cabeza —reducida— guarda en el hueco de la boca todo el rumor amazónico de la belleza.

Oído y enjambre, la tonalidad de las voces mezcladas, la tesitura de la gravedad de lo no dicho, o dicho, entre sílabas. *Cualquier mentira podría decirse mientras el país se desangra.* Antesala de granito y cedros. De cualquier abedul podría colgarse un hombre. O una mujer. Se guarecen en tierra semillas de amapolas. Florecerán. No el pueblo que las ha plantado. Guirnalda.

Entran, salen, celestes erizos, galopantes de hartazgo. Ondulaciones y magma. Gravitación. Sobre la silla cuelga el saco a cuadros. Sobre la silla cuelgan las bolsas (y sus peticiones). Lo que transcurre amortigua el miedo. Esas ráfagas. *Esas que llegan de un lado y de otro*. La mancha ofrece a la vista un trasbordo de lo visible a lo invisible, y a la inversa, como principio de lo que es, o será, o fue. Hilos y variaciones de nudos. *Y su nombre era fuego, espesura de fondo, negrísimo trazo en el cielo de tiento obstinado*.

[CINCO MOVIMIENTOS EN UN GESTO DE AIRE]

Selección de *Nudo vortex*, Literal ediciones, colección Instante fecundo, 2015

[CINCO MOVIMIENTOS EN UN GESTO DE AIRE]

Selección de *Nudo vortex*, Literal ediciones, colección Instante fecundo, 2015

12:56

Sobre pliegues la edad, curso de tiempo que anticipa: la vida,
lo que se estabiliza, lo que se desestabiliza (en la contracción
ya se anuncia una historia, realidad que será ficción: ficción
plegada a piel/ a pulso). El lugar del muslo, un nudo donde
se guarda una constelación, universo donde se cierne toda la
vestidura de la epidermis.

Lunar, sinfonía de lunares en brazo izquierdo.

Partitura de signos donde se craquela la fe. Gesto y roce
donde los cuerpos se amparan mutuamente.

Cantata.

13:07

El contorno de la espalda, la llama de las sombras donde
se guarda una caricia. Cuerpo con memoria, con cada
dedo (sentidos del otro en cuerpo ajeno) el contorno
relata la curvatura propia. Enunciar desde la proximidad la
nomenclatura del deseo. Canciones, murmullos, los senderos
que se establecen entre las grietas de las corvas. Hendiduras
de tiempo, inclinación gestual donde se precipita la muerte.
Huecos, musculatura, grasa en cráteres entre los huesos y la
nervadura sanguínea que se niega a hablar: sílabas etéreas
—susurro—: el sonido /torcedura/ de cada pliegue.

13:28

La circularidad de un pensamiento. Lo que el cuerpo acarrea en las venas (metáfora). Lo líquido de las bahías y cauces interiores. Mirada perdida en horizonte exacto: liquen. Fragilidad de la costa en punto ciego. Atajo o viento que cubre el vuelo de cierta palabra. La mano cruza, toca el rostro apenas, apuntando hacia el sitio donde hay murmullos, sólo murmullos. La exactitud de un balbuceo interior donde, la manera verdadera de las voces del padre, se acumulan detrás del oído izquierdo. La blancura de la mano de Eleonora, que recorre los contornos de un elefante imaginario. Y esa sonrisa, esa media sonrisa de la comisura de su boca.

13:40

Se confunde el surco donde los cardos han dejado marcas. *Rebalse.* Cardumen de peces agitándose entre piernas. Ebullición de sangre en ramificaciones. *Abrasiva.* La marcha sobre el muslo se expande. Cada centímetro es inicio. Toda división, inexacta. *Rebalse.* Las hojas de los árboles caían encima de sus hombros. Entonces callaba el mundo.

13:53

La irregularidad de la postura, los pesos del cuerpo se acomodan dependiendo de la vulnerabilidad. Cada herida sobrepasa y extiende un aura. *Contrapesos.* La sensibilidad del ombligo; el recuerdo del vientre, la acuosidad de la palabra madre. Los pesos restituyen el fracaso de la mente. En silencio se acomodan pliegues, hendiduras, estancias. *Rebalse.* Granito y tabaco sobresalen. *Paisaje.* Manos anudan en el aire una sonata —cuando el viaje instituye el horizonte, el tiempo gravita sobre el ojo. *Liquen.* Mata de arbustos, desierto donde se agrietan los labios por no decir tu nombre.

EFNISTÖKU
(CANTO A MITAD DE RUTA CON ROSTRO CUBIERTO DE TIZNE Y LÉGAMO)

Selección de *Borealis*, Fondo de Cultura Económica, 2016

Fisura. Lo expansivo desde lo nuclear —capullo. Vuelo y torcedura. Al término, un golpe y otro. Pisadas. Constelación de huellas sobre, al interior.

> *No cejes, del piso de lava petrificada surgirá la selva.*

A braceos, en la sed, un tajo. Cuatro cuerpos sobre tapete arbóreo. Piel sobre metal a veinte grados centígrados.

Jala el brazo del hombre —campo de trigo junto a pastizales.

Jala el brazo derecho del hombre —drenaje, caída a pozo.

Pisadas.

Cuerpo mutable. Encima visión de los rectángulos (rojos, el sistema de formas es devastadoramente cadmio). El humo corresponde al primer episodio: golpe, trigal, bocado perfecto.

Jala el cabello del hombre —celebración de mañanas plomizas.

Una manzana al día mantiene alejado al médico. No comer cerdo no comer carne no comer lácteos no comer alimentos procesados no comer maíz transgénico. No comer.

Lo expansivo desde el grumo —sutura de la herida, responso de sangre. Cuerpo aquietado por don de mano. **Pisadas.**

Detenerse en el abrevadero, luz líquida. *Jala el tumor de la tráquea de este hombre que arde* —campo de lavanda, dientes de león en vuelo entre guijarros de piel.

Pronuncia el viento un salmo: Volverán las noches de sol negro, entonces llamarse locura será sólo andar lentamente entre estrellas. **Pisadas**.

Fisura. Brote de voz y aguja. Materia y tejas de casa al piso. Esa flor. Esa hierba. Esos pliegues fugaces de piel.

> *No pierdas la voluntad, en ese bosque será perceptible la entonación.*

Soplo o estallido en pecho. *Fiordo*. Rumores del gramaje, lavanda hirviendo al paso. Resplandor sobre tierras con olor a lejanía (aire caliente, cedros, casis y grosella a labio, breve nota de higo y nueces entre hilos de vapor; tabaco). Torcedura.

Pie posado en saledizo.

Jala el brazo del hombre, salva su cuerpo envuelto en llamas —planicies, pedernales labrados.

En esta tierra no hay luto. Devenir de aves. Redondez en el fruto. Borde de astro en cuchillo que hiende sobre garganta, sangre, borbotón de hierro, lípidos —manto para vivir de nuevo.

Permanece garúa manantial aguacero pozo. Permanece huella drenaje sacrificio. Permanece arena montañas géiser dorsal mesoatlántica. Permanece gracia y violencia. *Permanece.*]

OBSERVANTE

Selección de *Spectio*, Tresnubes ediciones-UANL, 2019

Incendia la caída de las hojas las palmas de la mano. Sol sobre sol a costado de cuerpos. A la lejanía las voces del recuento, la tiranía de lo resplandeciente. Cierto tufo de manantiales y tierra entre pulgar e índice. Mandarinas y hojas de parra colocadas en la mente del observante sobre un cuadrado infinito ya dibujado antes por Beckett. Pasos. El silencio es sólo un *continuum* de murmullos desdibujados por el golpe de pelota en el muro. La madera o las palmas. O la instintiva forma de mantener orden y luz bajo mirada.

Sobre la espalda lengüetazos. Asidero que es silla, deslumbrante silla, de cuerpos vacía. Calor solar a tajo, a centímetro cuadrado entre nuca y nalgas. Bajo el discurso del paso del tiempo, la euforia de los años jóvenes. Repetición de usos y costumbres. Repetición de pasos, madera que cede, cruje y arrebola entre pies que no distinguen entre líquido y soleado. Repetición del encuadre: mirar entre resquicios lo pasajero.

Contención líquida. Arbustos sostienen apenas el breve susurro de los habitantes, en la copa del manzano el piar de un finche levanta tormentas. El ulular de la ambulancia mancha el trazo del aire. Rosas púrpuras sostenidas por mano izquierda. *Desciende la caricia por el contorno de la pantorrilla. Tensa musculatura.* Haces violetas sobre brocados. Haces turquís, pardos, detienen en el vaso la definición, la palabra. Nomenclatura de un cuerpo sobre agua.

Lo hecho en lo que está. El cortinaje oscurecido. Lo que arrebola y sostiene. Lo que vierte. La sombra epifánica del níspero. La hormiga que mantiene tramo, peso, ritmo. Lo que musita entre formas. El tiempo que habla entre nudos. El silencio del barro, sus reflejos que todo lo comprenden. La rama caída. La tutela del fresno en la conversación marital. El descenso del agua, su sonsonete oliva. La vieja habitación de invitados donde se pronunciaron los dimes y diretes. Lo que hay en la forma que fue. Lo que está.

Cruzados hilos de metal inciden sobre tierra. Volcánica coraza de piedra, canto que desemboca en lodo. Turbiedad. *Entretanto las noticias calaban, las noticias de esos cuerpos. Los cuerpos.* Contrapeso, gravedad del bloque, liviana presencia ante multitud. Grava. Seco paso de pies sobre miles de recuerdos. *Sucedía que las cifras habían obtenido nombres propios. Nomenclatura de piel y memoria.* Tronco. Construcción piramidal para albergar bóveda celeste. Apisonado y fragua. Colgante viga. Estabilidad del conjunto. *Se decía, entonces, que el nombre de ella era robusto y frágil, como la muerte.*

Ensayar límites de esfuerzo y resistencia: Desanudaciones de agua en el estanque; pereza y lucidez enredadas; imantación de fuerzas jalan hacia orillas distintas; cuerpo sobre otro de distendidos músculos y lenguas: mano izquierda que empuña un filo; piedras de lodo seco sobre hojas que penden entre materia y viento; un niño trepa por un árbol de inclinación casi galáctica, abisal; silbido, gorjeo, ambos desafiantes ante el ruido opaco de los autos.

Laceraciones acústicas en umbral áurico. Sonsonetes y piar de ave azul que combate toda tristeza, todo nudo melancólico. Así, hasta en ramas caben cuencos de sangre, como nidos polvorientos llevados entre mareas de familia.

Hombros. Formas sobre otras. Dientes, caderas, frente. El reflejo constituye una caja infinita. *Matrushka*. Destrucción o restablecimiento. *Al trote del animal, darle oído, ojos.* Maleza. Jardín a la mirada, fondo tornasol donde perviven —se miran— verde heliógeno, verde abedul, verde fieltro, verde cardenillo, verde tilo, verde fronda, verde moho, verde cromo, verde reseda, verde musgo, verde jungla, verde bronce, verde hiel, verde savia, verde cadmio, verde ópalo, verde loden, umbro verde, verde victoria, verde veneno.

Santiguarse entre piedras y cardenales. Escritura de canto primero donde se escucha el tiempo. *Levedad basáltica.* Minutos vueltos segundos, segundos al paso, al paso. La soledad del viento; luz baja que recuerda sobre fontanela cerrada la marea de lava. *La imagen arde en el lenguaje.* Centésimas de instante camufladas por gritos de niños a la salida del colegio. Se prolonga el arco del minutero en el torrente bajo —a presión— del silencio.

Espacio privado. Espacio alumbrante. Mínimo rescate de piso. Aquieta la luz solar los pensamientos, los enrarecidos. *Había esculpido en la roca el poderoso soplo de vendavales prehistóricos.* Acueductos y manantiales. Muros blanqueados de cal que guarecen lo dicho. Estructuras de hierro forjado y ventanas, ángulos desde donde mirarse hacia dentro, hacia lo íntimo de la piedra. Volcánica mano que sostiene al cardo herido.

Cruza el mainel la herida de luz. Cruza tajante, en verbo y estadía. Compendia estelas, fugacidades eléctricas, la dicotomía errada de las horas. *Se trata de mirar —angularmente, deprisa y al costado— aquello fugaz y cierto.* Asola la noche, depósito enterrado, negras aguas, ojos abiertos ante claridad del alba. *Se trata de perder, o no perder, la cabeza, anticipación del agotamiento. Se trata del silencio atravesando la mansarda de los años.* Distantes o verdaderos son los costados de la muerte.

Trazos gruesos de coloratura rojinegra, madera astillada, flores. *Miraba por arriba del tiempo, alejada de los sinos, como quien quiere hacerse de un retrato propio, sin nudajes.* Formas enlazadas. Control y avance, el reflejo descarrila el haz, deforma, clarea el brillo y sus pavores. *Miraba la pugna, la querella de plasma y linfa.* Reminiscencia de otras manos, capas de silencio en silencio, de sangre en sangre. Huella térrea, ballestrinque.

Serenidad y tregua. Al tacto las hojas amansan toda cólera. Nervaduras, pilosidad, furia a tierra. A un costado del brazo, corre viento, apenas rumor que masculla formas. Lombrices y moscas tejen una complicidad milenaria. *Por las cicatrices de tu cuerpo sostendría cavernas.* Albura, dimensión de la verdadera agua —cadencia— que transforma la mordedura, el veneno, en aire.

CIENTO DOCE

Selección de *Diorama*, UANL, 2012

I

Ciento doce escalones como escape,
aptitud del que conoce largos inviernos del oído/

Trastabillo de vocal; rizoma desdoblado en hoja fugitiva;
qué otro modo tendría de hablar el odio/

Cara o cruz de un alfabeto zanjado por desgarradura;
partida doble, juego en puntos suspendidos/

Reza, no el Padre nuestro o el Ave María,
nombra por su acento lo que hay;

encima del cuero la dura anatomía, sin escolta
ya de pecho: el pavor embadurna al hombro/

Reíamos en la playa La Herradura esclarecidos los miedos;

de pedazo en pedazo la geografía marcaba los toletes tallados
[a mano/
boca de pozo francotiro órgano;

siglo xx, tallado a mano en relieve, sin bisagras,
espejo central biselado, patas macizas, algo adusto
[el decorado,
mármol negro de la época; dígase reliquia para entendidos/

Entonces la risa desvanecía todo oropel, falla y angustia,
nombrábamos la letra N para contradecir hora y censuras;

desciende del ojo de luz –tracería radial, que los santos
                                    [devoren tus años/

Gira el carrusel horadado de balas, ni la hojarasca
o el rayo solar hablan de voces cautivas;

atrás de lo inmóvil los amos y un par de viejos ciegos:
aire sofocante en trono/

Gira la espuma/

Cáscaras de pijuayos, arazás,
restos mudos donde se ha fundado la palabra *certeza/*

Golpea la puerta, desciende, aprieta;

pulpa argolla nudo profético, trituración donde gravita
                                    [el odio/
los pájaros entonces dormitaban/

Aguarda la boca una intensa geografía de espigas;
no carcelero no verdugo no deudor no quien oprime
                                    [el petálico pecho del infante/

Levanta la noche, sábado o viernes, cordaje que adecúa
                                    [la potencia del golpe/

Hosanna Hosanna Hosanna/

La notación servía de medio, retícula de lo informe,
partituras o esbozo donde brota caligráfica la hoja/

ramazón verdinegro donde apenas,
fuga rendija orificios secretos donde la edad apremia: *ojos/*

Le explico, el orden alfabético terminará por desaparecer/

Largos otoños pentagonales del pecho;
bisagra entre gesto y sonido, ar-ti-cu-la-ción,

sobre la montaña negra se comparte el mismo telón
[oscurecido por la sangre,

da lo mismo si proviene de mar, río, cordillera o público
[festín de trozos, cadáver/

Aquí, el público tiene la libertad de salir cuando quiera;
al hartazgo del espectáculo se le confiere el nacimiento
[de la desmemoria,

periodicidad histórica, dirá el entendido/

Desvencijado lenguaje aristocrático, dolido hasta el tuétano,
balbucea transoceánico, deambula entre casas de tormenta
[y brama;

la letra más ebria del castellano
–N nuclear metronómica ad líbitum insolada– ya dicta:

"un yunque sonoro abate la caja timpánica,
ejercitado acorde de negrísimo espanto
donde se guarda el siglo".

II

Ciento doce escalones con olor a llegada,
aptitud del que vive largos veranos debajo de la lengua/

Anidación de petreles para evitar la resurrección; causa
primera para mirar por encima de escombros/

Recuerdos anidan (sobreviven) en lugares: realidades
táctiles, llaga / *verbaliza el color, el brillo de la fisura*/

Supercuerdas –*topoi*– filamento vibracional en neuronas
–sin puertas, sin foco de luz, sin eje fijo: sólo espacios
mentales al fondo/

*Quema tus pertenencias. Desciende al lago salival de las
masas.* Dientes y mejillas sucias/

*Observa: escalones calles laberintos favelas zonas donde la
pupila se desmaterializa*/
manos en-tin-ta-das/

Depredación del boscaje auroral: "mañana habrá agua para
lavar los cuerpos pero no comida, la fruta llegará tres días
después"

A párpado, la noche no es más que una cerca de días pálidos;
brocal hogaza plantío, el sabor del agua es algodón sobre la
frente/

Cuerpo pulsar, fina flor de Jamaica o palmera de mangle:
belleza de la miseria en residuo/

Ahí había profusión de voces. *Reemplazables*. Partículas de espectros vistiendo a la moda/

Tanto griterío tanta cabeza girando tanto dictador en acecho a ojos cerrados;

suda la multitud en el metro, sudan las manos del hombre que extiende el cheque: estrellada avispa en radiador/

Depredación. Minutos antes la tormenta.

Fiesta patronal, fuegos y cohetes: testigos, anestesiada conducta. –Lebrel, sobre el lebrel la sal/

Medida exacta de lo que se tenga a mano, gramos, en el bolsillo se guardan monedas del Ministerio: estación de servicio cámara de seguridad banco, proteínas en alta cantidad para el hurto/

Sabía de los lugares de sol sin sol, de hombres sentados que hunden los cuerpos entre cuerpos/

Sabía de las construcciones sin techos, cerrados a los ojos, sabía. Y que todo sólo incumbe al oído/

Sabía de la voluntad de crear de nuevo Roma, del fuego vocablo golpe matadero. Sabía/

Flores blancas y rosas del África, en las aguas del lago no hay Báltico ni Pacífico. Hay serpientes/

Círculo abierto: adentro filamentos hilvanando espectros para decir un nombre, Juan o Gustavo, *cardencha/*

Cuerpo migrado a alteridad; boreal, la boca era aurora boreal, negriverde o rojinegro amarillolila: potencia del soplo dentro de, en/

Devenires para liberar a, –infección viral, hartazgo de presente, "el café no tiene ya carga, deséchalo, desecha todo", camuflaje: oído fino para escuchar sonidos inarticulados, viento rompeolas canciones de cuna gritería de hordas palpitaciones ultra rápidas 2507 petaflop cuchillo picando cebolla vía láctea transcurriendo/

suspensión, sangre en suspensión/

después de todo, ¿qué otro modo tendría de hablar el odio?

AMÉRICA

Selección de *Tiento*, UANL, 2010

Se llamaban Krusevac, ahora Cruz. Los edificios transpiraban. Era una isla o un monte cubierto por chozas. Cosa de hombres. Las mujeres guardaban papas, construían el mundo. Cosa de tiento insulso, se pensaba. Paisajes de tonada suave con acordeón de fondo. Astucia. Proa que acumula sal. *Toma mi brazo, corta el ligamento: necesito dejar el gusto por el ajvar.* Callaron las aves a su paso. Remo. En el fondo, los peces intuían. Algunos fosos guardan familias enteras. Pero ellas son salvas. Todas las lenguas de Europa desaparecieron. Tierra. El dulce de manzana no trae olor a clavo. Cada letra deletrea una estancia. Estas mujeres son mis madres. Desde ese día –América– la piel de mis mejillas es llanura.

De la tumba una flor. Plástico decolorado, tierra. Grobnica-París. De Europa sembradío nucas cisternas donde guardar vestigios. Neblina y carbón. Heno y draga, flotantes. Antes del roce sargazos, reflujo luminoso de rostros. Toda la familia astillada. Óleo de museo. Cementerio y nicho para ahondar en el nervio. Cauce púrpura, plantación de cuerpos en otros cuerpos. Cauterio. Atravesar el bosque: mucha fe en los labios. *Ni el uniforme salva.* Allá, en el Golfo de México, secretan zumbantes las aves. Caverna o cardo. Mar gasa, llave al pliegue. La superficie del agua recuerda a los muertos. —Desvanecerse, entre las arrugas de cada pliegue de la madre. *Contenga el aire. Pulmón. Respire profundo. ¿Siente dolor? ¿Siente aquí, sí justo aquí? Es el miedo atrapado. Es América atada en cada corva.* Astilla, flor recogida en Kalemegdan. Y en cada esquina la imagen de un jardín hecho de voces.

América es un desierto sonoro. Cazuela de ave levanta muertos, ají de gallina abre sosiego o trucha arcoíris empina rubias. Oscuras nubes modulan temperamentos de valle y bufeo. Crujido de lastras de Machu Picchu. –Oscuro oficio éste de ser santa. *Yo tenía una tierra, me despojaron de ella, ahora hay un parque de diversiones: juegos replican la muerte y son la muerte.* Algo en la vereda (zanjita, zanja devuélveme el tino, la cara cierta de mi tierra) es sepultura y nacencia. Aguachile que bulle en la quijada. Cacao herido que trae consigo tintineos de piedra. Cárcamo de agua de Tláloc, chacras marítimas de Manantiales. *Cabo Polonio en mi memoria.* Y la fuente que no deja de abastecer el mate seco, verdoso, que enjuaga la voz de la abuela.

Los platos vacíos. En el fondo, el campo de gravedad es el tono. El azul. No azul sino provincia y rastro, donde hemos dejado −*Eleonora* flotante a la mirada. Cielo. La mirada hace la patria. *Su país se le ensancha se le gesta se le encima.* América no es orquídea ni animal o pariente. *Tersa era la voz de la abuela.* América deambula entre franjas. Acarrea agua sucia. Retoña entre la mierda. América madre. América padre. *Ofrenda algo. Ofrenda algo de cuerpo a la Pachamama. Entra a esta tierra y hazte un orificio en la lengua.* Forma y pasaje en el sermón de las piedras. Nudo ciego entre ríos. Cordillera. Tu piel −Atacama & Sonora, es concentración, vueltas en círculo, cartografía y nudos. Siglo.

Dijeron que era hija del golpe, de los barrios donde los sones son lentos y carraspean las voces y los toneles de aguardiente se empujan sin trozo de pan; dijeron que era hija del desprecio, de esclavas, de amargas noches de cama entre soldados y cuerpos cobrizos; dijeron que era una mártir –*estaban, están equivocados*–, luego le dieron algo de espejos y algo de carne de cerdo, algo de nuevos nombres y nuevos apellidos; le enseñaron el uso de la rueda (ya conocía el cero); casi la mata la fiebre. Y de cada golpe ha salido más fuerte. Como el poema, América es *una dura cicatriz en el cuerpo*.

Índice

LIMINAL ZONA LIMINAL
de Rocío Cerón
-10/10 de la Colección Capitanas 2-
se terminó de editar y maquetar
por Nautilus Ediciones
en Zaragoza, España,
en abril de 2024.